AF456733

1162 Steffmer
1 Mai 1883

V

Collection de M. le comte de la Gr...ze

ARMES — ARMURES

DES

XVIe & XVIIe SIÈCLES

COSTUMES — TABLEAUX

Beau Portrait de Charles le Téméraire

TAPISSERIES

VENTE HOTEL DROUOT, SALLE N° 5

Le Mercredi 2 Mai 1883, à 2 heures

COMMISSAIRE-PRISEUR	Expert,
Me E. BERTHELIN	**M. Ch. MANNHEIM**
29, rue Le Peletier, 29	7, rue Saint-Georges.

Chez lesquels se trouve le présent Catalogue.

EXPOSITION PUBLIQUE

Le Mardi 1er Mai 1883

de 1 heure 1/2 à 5 heures 1/2.

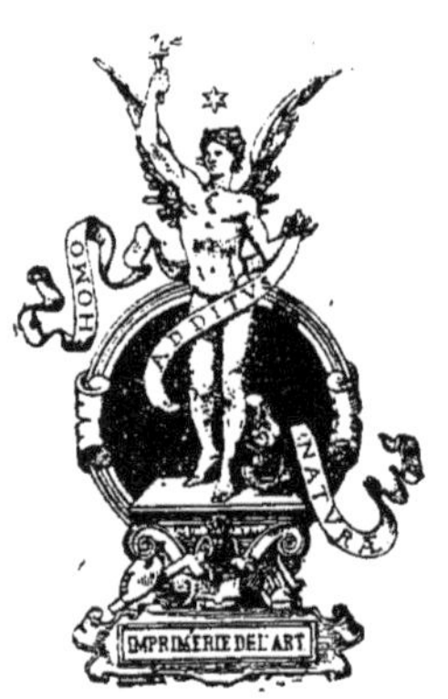
HOMO
ADDITUS
NATURÆ
IMPRIMERIE DE L'ART

CONDITIONS DE LA VENTE

Elle sera faite au comptant.

Les adjudicataires payeront *cinq pour cent* en sus des enchères.

L'exposition mettant le public à même de se rendre compte de l'état des objets, aucune réclamation ne sera admise une fois l'adjudication prononcée.

Paris — Imp. de l'Art, J. Rouam, 41, rue de la Victoire.

DÉSIGNATION DES OBJETS

ARMES DÉFENSIVES

1 — Armure complète, de l'époque de Henri III. — En fer poli, à clous de cuivre. Cuirasse de la plus grande élégance et d'une forme à remarquer. Heaume à double visière et à haute crête, très pesant. Épaulières inégales, brassards entièrement fermés à la saignée par des lames articulées. Beaux gantelets. Tassettes très évasées, celle de droite plus courte que celle de gauche, particularité remarquable. Cuissards et grèves complets, s'arrêtant au cou-de-pied. Les solerets indépendants devaient être en cuir, recouverts de mailles. La forme des tassettes et les trous taraudés aux épaulières prouvent que cette belle armure servait pour la joute et pour la guerre.

2 — Armure complète, dite Maximilienne. — L'armet a la visière à soufflet, le plastron est muni du faucre. Cuissards et grèves complets avec les pédieux de forme carrée. Les épaulières sont munies de passe-gardes. Beaux gantelets à mitons. Longues tassettes cintrées. Une certaine quantité de pièces ont été refaites.

3 — Armure d'officier de lansquenets, milieu du xvie siècle. — En fer poli, à bandes concaves autrefois noircies. Plastron d'une forme très relevée au centre qui caractérise cette époque. Elle se compose de la bourguignotte d'une très belle forme, garnie de son ancienne matelassure en toile piquée, du colletin avec les épaulières, des grands gantelets à la Reître, de la cuirasse et des longues tassettes articulées. Conservation parfaite, pièce extrêmement pure.

4 — Très riche demi-armure, de la fin du xvie siècle. — A bandes richement gravées et d'un dessin particulier qui ne se rencontre jamais dans les armures italiennes de cette époque Elle se compose d'un fort beau cabasset avec un porte-plumail fleurdelisé et doré, du colletin, cuirasse avec les tassettes, et des brassards complets en acier pur et admirable-

ment conservé. Cette charmante pièce, d'une pureté exceptionnelle, contient tous ses clous, ses anciennes boucles jadis dorées, et dans l'intérieur ses anciens cuirs et festons en satin rouge.

5 — Armure dite de chevau-léger, époque de Henri II. — Cette armure, bien complète, d'une très belle forme et d'une pureté parfaite, atteste, par la forme de la cuirasse, le milieu du XVIe siècle, époque de Henri II. Elle se compose d'une jolie bourguignotte, colletin, brassards complets avec les gantelets, de la cuirasse avec le faucre portant un poinçon marqué d'un casque de profil surmonté des lettres W. R., et des longs cuissards à genouillères.

6 — Armure complète, française, de cavalier, commencement du XVIIe siècle. — En fer poli, à clous de cuivre. Elle se compose de l'armet à double visière et à grand gorgerin, du colletin, des grandes épaulières carrées, brassards et gantelets, de la cuirasse très pesante et à l'épreuve de la balle, et des grands cuissards à genouillères rattachés directement par des crochets à la cuirasse. D'une forme très élégante et très caractéristique, et d'une excellente conservation. Excellente pièce.

7 — ARMURE D'OFFICIER DE MOUSQUETAIRES, française, milieu du XVIIe siècle. — En fer poli, à larges clous de cuivre. Complète ainsi, elle se compose d'un casque à barre de nasal, à mentonnière s'ouvrant sur charnières, d'une forme rare et curieuse; du colletin avec les brassards d'arrière-bras, de la cuirasse d'une forme très allongée et des tassettes longues et articulées. Toutes les pièces sont bordées d'une torsade épaisse et cannelée. Armure très curieuse et d'une remarquable fabrication. Dans le *Traité des Armes* par le sieur de Gaya, on voit un officier de mousquetaires revêtu d'une armure analogue à celle-ci.

8 — ARMURE D'OFFICIER, milieu du XVIIe siècle. — Elle se compose de la bourguignotte à visière mobile, du colletin, des grandes épaulières à lames festonnées, parsemées de nombreux clous de cuivre, et de la cuirasse remarquable par ses vastes proportions. Toutes ces pièces sont bordées de leurs anciens festons en velours rouge. Pièce très pure et très complète.

9 — CUIRASSE de la fin du XVIe siècle, époque de Henri III. — D'une forme très élégante et d'un très beau travail de forge. Clous de cuivre. Pièce à remarquer.

10 — Grand hausse-col d'officier, époque de Louis XIII, à gravure de rinceaux bleuis sur fond poli. — Pourvu de sa doublure ancienne en buffle. Sur le devant un poinçon en forme de cœur, aux lettres M. S. Cette pièce remarquable provient de la célèbre collection de sir Samuel Meyrick et a été gravée dans son grand ouvrage sur les armes et armures.

11 — Hausse-col d'officier, xviie siècle. — En cuivre doré, ciselé et repoussé, avec un écusson d'armoiries et des attributs guerriers.

12 — Cuirasse d'officier général, époque de Louis XIV. Peinte en noir (ancien), avec sa doublure en buffle et toutes ses garnitures, bretelles et ceinture en velours rouge galonné d'or. Très pesante ; portant la marque d'une balle. Pièce très curieuse et d'une conservation exceptionnelle.

13 — Paire d'épaulières d'une armure de cavalier, époque de Henri IV. — Symétriques, et garnies de clous en fer.

14 — Paire d'épaulières d'une armure de Henri IV. — D'une grande finesse et d'une très belle

forme; les lames, en éventail, sont fixées par des boutons d'applique en cuivre, représentant des mufles de lion.

15 — Paire de gantelets, en fer poli, xvie siècle. — A doigts détachés. Jolie forme, excellente conservation.

16 — Brassard d'une armure de cavalier. — Peint en noir, d'une bonne forme. Époque de Henri IV.

17 — Chemise de mailles, fin du xvie siècle. — Ce vêtement défensif, sans manches, était destiné à être porté sous le pourpoint. Les mailles sont très fines, du travail dit à grains d'orge; elles sont plus serrées au collet où l'on voit encore quelques traces de mailles de cuivre. Excellent état de conservation. Curieux comme spécimen de la *chemise secrète*.

18 — Bouclier en fer, italien, époque de Henri III. — A bandes gravées de trophées d'armes et de pièces d'armures. Au centre une pointe quadrangulaire montée à vis. Diamètre, 0m,58.

19 — CORSET DE FEMME, fin du XVIe siècle. — En fer ajouré, d'une grande élégance de forme. Objet très rare et très intéressant.

20 — PETIT CORSET D'ENFANT, du XVIe siècle. — En fer ajouré, se fermant par devant au moyen de deux pitons. Pièce très intéressante.

21 — CUBITIÈRE d'une armure gravée, dite de Pise. Gravée de trophées d'armes et de pièces d'armures.

22 — GRAND ARMET DE GUERRE, de l'époque de Henri IV. — Crête élevée, bordée d'une torsade, la vue et le ventail sont en deux pièces. Grand gorgerin d'une seule pièce. Ce casque, d'une belle forme, est fort pesant.

23 — MORION en fer poli. — Bien complet, avec ses jugulaires cousues sur des coussinets de toile matelassée, ce qui se rencontre rarement. Bonne forme ; d'une seule pièce. XVIe siècle.

24 — MORION en fer poli, XVIe siècle. — D'une seule pièce, crête élevée, timbre d'une forme élégante. Clous en fer sur des rosaces de même métal. Poinçon de Nuremberg.

25 — Grande bourguignotte de la fin du xvie siècle. — En fer peint en noir (peinture du temps). Remarquable par l'ampleur de sa forme. Crête très élevée, longue visière fixe et pointue, grandes oreillères projetées en avant, long couvre-nuque articulé. Conservation parfaite.

26 — Bourguignotte de cavalier, époque de Henri IV. — En fer bleui, à crête plate et pointue. Grande visière plate et mobile. Garde-face articulé avec un bourrelet à jour, orné au centre d'une coquille de pèlerin. Le gorgerin manque. Casque d'un poids considérable, d'une parfaite conservation et de travail français.

27 — Casque du milieu du xviie siècle. — En fer poli, à timbre cannelé. Visière plate et fixe traversée par une barre de nasal mobile avec un écrou. Grand couvre-nuque articulé; larges oreillères. Porte-plumail en cuivre sur le côté gauche du timbre. Ce casque, très fin, porte toutes ses doublures matelassées en toile bordée d'un large galon de velours rouge. Pièce d'amateur ou de musée.

28 — Mentonnière d'un casque de cavalier, époque de Louis XIII. — D'une forme très élégante,

pourvu de ses anciens clous en cuivre et d'un gorgerin d'une seule pièce de très grande dimension. Ce fragment d'un superbe casque est richement gravé d'arabesques et d'ornements sur un fond pointillé jadis doré.

29 — Calotte d'armes en fer, xviie siècle. — Le fond est formé de deux bandes de fer mises en croix. A la partie antérieure on voit l'empreinte de deux balles. D'un poids très considérable, elle devait, sous le chapeau de feutre, servir seulement pour les sièges et les assauts.

30 — Calotte d'armes. xviiie siècle. — En fer bleui, se repliant comme un éventail pour être mise dans la poche. Pièce unique d'un précieux travail et du plus grand intérêt.

ARMES OFFENSIVES

31 — Épée de la fin du xvie siècle. — Poignée noircie, avec son ancienne fusée en filigrane de fer également noircie. Pommeau hexagone; triples branches, doubles gardes, quillons droits et ronds terminés par des boutons aplatis; pas-d'âne, contre-garde à trois bran-

ches. Lame à arête. Cette épée, d'une grande pureté, est munie de son ancien fourreau. Elle est complétée par la dague n° 43.

32 — Belle épée de la fin du xvie siècle. — Poignée ciselée, jadis dorée en plein. Lourd pommeau, sur les deux faces duquel, dans un médaillon ovale on voit un personnage nu tenant une épée et soulevant une femme et un enfant par les cheveux. Tout l'ornement de la poignée consiste en ciselures de feuilles d'acanthe et de feuillages avec des femmes nues et couchées. Branches triples ; un seul quillon en volute ; double garde ; pas-d'âne ; contre-garde à trois branches. Fusée ancienne en filigrane de cuivre. Belle lame à deux gouttières parallèles sur toute la longueur. Épée d'une forme remarquable et d'une grande pureté.

33 — Paire d'épées pour l'escrime, deuxième moitié du xvie siècle. — Poignées sous leur ancienne peinture noire, de l'époque. Pommeaux ovales, branches triples, quillons ronds et droits ; doubles gardes, pas-d'âne, contre-gardes à trois branches ; fusées anciennes en filigrane de fer ; lames quadrangulaires terminées par des boutons. Ces remarquables

épées, de la plus grande rareté, sont des pièces de musées.

34 — Épée de gaucher, fin du xvie siècle. — Poignée jadis noircie en fer. Pommeau ciselé. Triples gardes, contre-garde à trois branches. Branche triple, quillons recourbés en sens inverse, pas-d'âne. Bonne lame. Les épées de gaucher se rencontrent très rarement dans les musées et collections.

35 — Grande rapière, commencement du xviie siècle. — Pommeau circulaire à côtes. Fusée ancienne, en filigrane de fer. Branches triples; longs quillons recourbés; pas-d'âne, garde en corbeille, formée de deux larges plaques ovales repercées d'étoiles et reliées par six rangées de branches. Très belle lame signée : *Sahagum F.* Hauteur, 1^{m},45.

36 — Riche épée française, du milieu du xviie siècle. — Garde en fer ciselé et noirci, d'un très beau travail, représentant des arabesques, d'un très fort relief, sur un fond alternativement pointillé et vermicellé. Pommeau en poire; branche simple; un seul quillon contourné en avant; garde simple fournie par une coquille circulaire dentelée sur les bords et ciselée comme la garde. Très belle fusée

ancienne en filigrane de fer. Longue lame quadrangulaire. Fourreau du temps. Épée du plus beau style.

37 — Épée de cavalier, milieu du XVIIe siècle. — Poignée en fer poli, composée de lames plates et entrelacées, fournissant une bonne défense pour la main. Contre-garde à deux branches mises en croix; un seul quillon recourbé sur lui-même. Fourreau aplati en cuivre. Fusée ancienne en maroquin. Le talon de la lame est recouvert d'un cuir dans lequel vient s'engager le fourreau; lame large et plate portant un monogramme. Fourreau en cuir noir décoré de bandes de fer et d'anneaux de cuivre. Arme bien complète et d'une excellente conservation.

38 — Épée française, de l'époque de Charles IX. — Poignée noire d'une forme très large et très élégante. A l'extrémité de la branche et du quillon se trouve répété un ornement en volute, ciselé en fort relief, jadis doré. Branche triple : un seul quillon fortement recourbé vers la lame; doubles gardes; contre-garde à trois branches; pas-d'âne; pommeau ovale; lame plate à deux gouttières. Il faut remarquer au talon une en-

coche pour placer l'index quand on manie l'épée; fusée ancienne.

39 — Épée d'armes, de la fin du xvie siècle. — Longs quillons tordus en sens inverse; pas de branches; pas-d'âne; double garde; pommeau circulaire très pesant; fusée ancienne. Très belle lame, dont le talon est recouvert de maroquin du temps. Belle épée, d'une pureté parfaite.

40 — Épée a coquilles, des premières années du règne de Louis XIII. — Poignée autrefois noircie; grand pommeau ovale. Fusée ancienne. Branche simple; longs quillons recourbés, l'un vers le pommeau, l'autre vers la lame. La garde est formée par deux larges coquilles pleines portant des ornements repoussés d'un faible relief, dont le principal motif est une coquille de pèlerin dans des feuillages. Belle lame à forte crête. Longueur : 1^m,24.

41 — Épée de cavalier, milieu du xviie siècle. — Garde composée de lames plates et entrelacées. Pommeau plat en cuivre. Cette épée, munie de son fourreau, est pareille au n° 39.

42 — Épée de fantassin, xviie siècle, dite épée Wallonne. — Poignée à deux branches ; garde en forme de plaque circulaire. Belle lame.

43 — Petite dague du xvie siècle. — Parfaitement complète et très curieuse, avec son fourreau du temps, muni de ses garnitures en fer noirci. Poignée en fer noirci. Petit pommeau rond, fusée en cuir noir, quillons fortement recourbés vers la lame ; petite garde en anneau. Cette dague accompagne fort bien l'épée no 31.

44 — Petite dague. — La lame et la poignée sont forgées d'une seule pièce ; quillons recourbés ; garde formée par une petite coquille. Belle lame à dos épais et à un seul tranchant. Pièce intéressante trouvée dans la Seine, à Paris.

45 — Lot de sept fourreaux d'épée des xvie et xviie siècles.

46 — Marteau d'armes, fin du xvie siècle, français. — Manche en fer creux arrondi, avec une douille mobile ; fer court et quadrangulaire ; le marteau porte les traces de coups anciens.

47 — Joli marteau d'armes français, fin du xvie siècle. — Hampe ronde et mince en fer; la poignée est recouverte d'un cuir ancien, maintenu par un cordonnet de soie verte. Le fer se compose, d'un côté, d'un bec à corbin triangulaire recourbé et, de l'autre, d'un marteau en forme de bouton. Crochet de ceinture. Pièce intéressante.

48 — Charmante hallebarde, datée 1561. — Entièrement gravée de dessins riches et très fins, avec deux grands sujets : d'un côté, Ève présentant à Adam la pomme et de l'autre main désignant *une partie..... de son corps;* de l'autre côté, un guerrier en costume romain. Emblèmes héraldiques : une tête de bœuf bouclée, d'une illustre famille italienne. Hampe de l'époque. Pièce très remarquable.

49 — Épieu de chasse du xvie siècle. — Le fer, en feuille de sauge, porte à la base une large rondelle. Le manche, ancien, est une branche d'arbre qui a conservé ses nœuds. Pièce intéressante.

50 — Grand esponton d'infanterie, français, xviiie siècle. — Long fer pointu, avec une arête

adoucie; la douille porte deux longs arrêts à boutons. Sur une des bandes sont gravés les chiffres 1-85. Longue hampe du temps, terminée par un sabot en fer. Longueur : 2m,75 cent. Excellente conservation.

ARMES A FEU ET LEURS ACCESSOIRES

51 — MOUSQUET A MÈCHE, de l'époque de Henri III, à crosse arrondie. — En bois de poirier, décoré de filets et de médaillons en ivoire, représentant des fruits, feuillages et têtes d'animaux. A la crosse, deux grandes plaques d'ivoire représentant deux mousquetaires en costume du temps de Henri III. Platine à mèche à serpentin, munie de son couvre-feu. Canon bruni, baguette à tête d'ivoire. Arme remarquable et d'une excellente conservation.

52 — TRÈS CURIEUSE ARQUEBUSE A ROUET, époque de Charles IX. — Entièrement en fer. La date est fournie par les costumes des personnages gravés à la crosse, qui est recourbée en volute et d'une forme exceptionnelle. Des deux côtés, deux femmes, nues, couchées au mi-

lieu d'arabesques d'un gracieux dessin. Canon à pans, avec chapiteaux à la culasse et au sommet. Pièce exceptionnelle.

53 — Très beau mousquet a rouet, allemand, portant sur le canon le nom de l'armurier et la date. — Canon à pans, rayé à tourelles; grande sous-garde dentelée pour recevoir les doigts. Tout le bois de cette belle arme est entièrement et très richement décoré d'incrustations d'ivoire d'un travail très fin.

54 — Charmante arquebuse a rouet, française, de l'époque de Louis XIII. — Canon bleui, fût en bois de noyer verni, crosse française. Signé : *Ad. Montaigu* sur la platine. Le rouet, découvert, est fixé sur la platine par un crampon représentant un oiseau tenant un serpent dans son bec. Sur la platine, le tambour du rouet et le chien sont des gravures d'une grande finesse. Arme d'un précieux travail et d'une merveilleuse conservation.

55 — Mousqueton de cavalerie, allemand, milieu du xviie siècle. — A rouet noyé dans le corps de platine sur laquelle est gravée une chasse au cerf. Toutes les garnitures sont en cuivre

doré et ciselé. Crosse en bois rouge, très épaisse, pourvue d'un magasin renfermant des balles, et un tire-balle. Canon hexagone, bruni, rayé à tourelles. Cette arme, si curieuse et merveilleusement conservée, est pourvue de sa bretelle de l'époque, en soie verte doublée de cuir blanc.

56 — Paire de pistolets a rouet, français, deuxième moitié du XVIIe siècle. — Fût en bois moucheté, longs canons bleuis à pans, avec leurs baguettes. Rouets extérieurs, les crampons des rouets et des chiens sont dorés. Les calottes des pommeaux représentent des mascarons en cuivre ciselé et doré. Garnitures en cuivre ciselé et doré.

57 — Pistolet a rouet, milieu du XVIIe siècle. — Canon taillé à pans. Rouet extérieur maintenu par un crampon. Le poinçon est un écusson sur lequel il y a une tige de fleurs avec les lettres F S C X. Pommeau ovale, bois noirci.

58 — Pistolet a rouet, milieu du XVIIe siècle. — Canon taillé à pans sur la moitié de la longueur. Platine à rouet extérieur à crampon. Bois noirci avec quelques filets en fer incrustés. Crosse en forme de crosse de fusil.

59 — Arbalète a jalet, XVIIe siècle, française. Arme de chasse, en fer poli, en parfait état de conservation, encore munie de sa corde. La crosse, en bois, est ornée de trois médaillons en nacre représentant des oiseaux; sur l'un d'eux, au-dessus d'un perroquet est gravé ce mot : *Coco.*

60 — Deux canons en bronze, du XVIIe siècle, époque de Louis XIV. — Longueur, 0m,66 cent.; calibre de 0m,033 millimètres. Les culasses, sans boutons, sont ciselées avec goût. Ces deux jolies pièces sont montées sur leurs affûts du temps, bien complets et parfaitement conservés.

61 — Grande poire a poudre en corne, datée 1597. — Entièrement gravée et représentant Adam et Ève dans le Paradis terrestre, au milieu de tous les animaux de la création; les garnitures supérieures, qui étaient en fer, comme celles du bas, ont été remplacées par une garniture en bois déjà ancienne.

62 — Poire a poudre de l'époque de Charles IX, en corne de cerf sculptée. — La date est donnée par le costume des personnages, une jeune femme se tuant avec l'épée d'un gentilhomme étendu mort à ses pieds (Pyrame et Thisbé). Garniture et crochet de ceinture en fer bleui.

63 — Petit amorçoir français, seconde moitié du XVIIe siècle. — En corne, les garnitures sont en cuivre. On y remarque un cavalier en costume du temps de Louis XIV, poursuivant un cerf, et le nom du propriétaire : *Gabriel Ferbadoux*.

64 — Petit amorçoir en fer, de forme ovale allongée, terminé par une double clé d'arquebuse ; il est muni d'un crochet de ceinture. XVIe siècle.

65 — Joli mors de bride de la fin du XVIe siècle, en fer fort bien travaillé ; à la traverse et à l'extrémité des branches sont des fleurons d'un joli style. Bien complet.

TABLEAUX & VÊTEMENTS

66 — Portrait authentique de Charles le Téméraire, duc de Bourgogne, peinture du XVe siècle, sur bois. Le duc est représenté en armure, avec la Toison-d'Or au cou, tenant de la main droite une épée à garde dorée.

67 — Habit de cérémonie, époque de Louis XV. — En velours noir, à riches bouquets de fleurs brodés à l'aiguille en soie blanche, avec des cailloux du Rhin et des pierres de couleur.

68 — Veste, époque de Louis XV. — En étoffe de soie blanche lamée d'argent, richement brodée de fleurs en paillettes et en pierres de couleur.

69 — Grande veste, époque de Louis XV. — A longues basques, en grosse étoffe de soie bleu pâle semée de bouquets blancs.

70 — Deux culottes, époque de Louis XV. — Pareilles, en soie grise, couleur tourterelle, à raies violettes formant des carreaux dans lesquels sont des bouquets blancs.

71 — Veste, époque de Louis XVI. — En soie gorge de pigeon, richement brodée de bouquets de fleurs en soutache.

72 — Habit d'incroyable, époque du Directoire. — En soie très fine, à raies perpendiculaires jaune pâle et bleu pâle; très longues basques, grand collet et grands revers.

ARMES

73 — Arbalète dite de Passo, de la fin du xve siècle, incrustée d'ivoire.

74 — Marteau d'armes du XVIe siècle, formant épée.

75 — Poire à poudre du XVIe siècle, en corne de cerf gravée.

76 — Paire de pistolets orientaux en argent repoussé, ornés de turquoises avec le canon de L. Lazarino.

77 — Épée de justice du XVIe siècle.

78 — Épée en fer du XVIe siècle, à quillons droits.

79 — Autre analogue.

80 — Épée du XVe siècle avec pommeau à jour.

81 — Deux épées de la garde des Doges.

82 — Coupe-jarrets du XVIe siècle, lame gravée.

83 — Dague avec poignée et quillons ornés de têtes de nègres.

84 — Petite dague à quillons recourbés en fer ciselé, fond or, lame ajourée.

85 — Canon en fer damasquiné d'argent.

86 — Petit poignard de miséricorde en fer du XVIe siècle, à lame quadrangulaire.

87 — Couteau présentoir du commencement du xvie siècle, avec poignée en nacre et cuivre gravé.

88 — Devant de selle du xvie siècle, en fer.

89 — Casque du xvie siècle, en fer.

90 — Deux cabassets italiens.

91 — Hallebarde suisse formant hache à croc.

92 — Faux formant pique.

93 — Hallebarde à l'oiseau.

94 — Hallebarde suisse.

95 — Hallebarde forme lance avec figures horizontales.

96 — Grande et belle hallebarde langue de bœuf.

97 — Pique marteau d'armes.

98 — Fauchard avec faux et pique.

99 — Poignard à lame gravée.

100 — Hallebarde à l'oiseau, non montée.

101 — Épée.

TABLEAUX

102 — Portrait de seigneur du XVIe siècle en costume de l'époque, cadre en bois sculpté.

103 à 108 — Six tableaux, portraits équestres de seigneurs vénitiens en costumes de tournoi avec inscriptions et armoiries. (Seront divisés.)

109 — École gothique : Le Couronnement d'épines.

TAPISSERIES

110 — Grande et belle tapisserie du XVIe siècle, verdure avec petits personnages, sujet d'*Actéon changé en cerf*, bordures larges avec petits personnages.

111 — Autre plus petite, même époque.

112 — Grande tapisserie verdure, époque Louis XIII, avec larges bordures.

113 — Objets omis au catalogue.

www.ingramcontent.com/pod-product-compliance
Ingram Content Group UK Ltd.
Pitfield, Milton Keynes, MK11 3LW, UK
UKHW022147260726
13993UKWH00005B/2204

9 782329 49004